Lunar phases and equinoxes are given in Universal Time. ● New Moon ◐ First Quarter Moon ○ Full Moon ◑ Last Quarter Moon

(AUS) Australia (CAN) Canada (JPN) Japan (NA) North America (NZL) New Zealand
(UK) United Kingdom: England, Northern Ireland, Scotland, Wales (W AUS) Western Australia

2019

JANUARY

S	M	T	W	T	F	S
		1	2	3	4	5
6	7	8	9	10	11	12
13	14	15	16	17	18	19
20	21	22	23	24	25	26
27	28	29	30	31		

FEBRUARY

S	M	T	W	T	F	S
					1	2
3	4	5	6	7	8	9
10	11	12	13	14	15	16
17	18	19	20	21	22	23
24	25	26	27	28		

MARCH

S	M	T	W	T	F	S
					1	2
3	4	5	6	7	8	9
10	11	12	13	14	15	16
17	18	19	20	21	22	23
24	25	26	27	28	29	30
31						

APRIL

S	M	T	W	T	F	S
	1	2	3	4	5	6
7	8	9	10	11	12	13
14	15	16	17	18	19	20
21	22	23	24	25	26	27
28	29	30				

MAY

S	M	T	W	T	F	S
			1	2	3	4
5	6	7	8	9	10	11
12	13	14	15	16	17	18
19	20	21	22	23	24	25
26	27	28	29	30	31	

JUNE

S	M	T	W	T	F	S
						1
2	3	4	5	6	7	8
9	10	11	12	13	14	15
16	17	18	19	20	21	22
23	24	25	26	27	28	29
30						

JULY

S	M	T	W	T	F	S
	1	2	3	4	5	6
7	8	9	10	11	12	13
14	15	16	17	18	19	20
21	22	23	24	25	26	27
28	29	30	31			

AUGUST

S	M	T	W	T	F	S
				1	2	3
4	5	6	7	8	9	10
11	12	13	14	15	16	17
18	19	20	21	22	23	24
25	26	27	28	29	30	31

SEPTEMBER

S	M	T	W	T	F	S
1	2	3	4	5	6	7
8	9	10	11	12	13	14
15	16	17	18	19	20	21
22	23	24	25	26	27	28
29	30					

OCTOBER

S	M	T	W	T	F	S
		1	2	3	4	5
6	7	8	9	10	11	12
13	14	15	16	17	18	19
20	21	22	23	24	25	26
27	28	29	30	31		

NOVEMBER

S	M	T	W	T	F	S
					1	2
3	4	5	6	7	8	9
10	11	12	13	14	15	16
17	18	19	20	21	22	23
24	25	26	27	28	29	30

DECEMBER

S	M	T	W	T	F	S
1	2	3	4	5	6	7
8	9	10	11	12	13	14
15	16	17	18	19	20	21
22	23	24	25	26	27	28
29	30	31				

2020

JANUARY

S	M	T	W	T	F	S
			1	2	3	4
5	6	7	8	9	10	11
12	13	14	15	16	17	18
19	20	21	22	23	24	25
26	27	28	29	30	31	

FEBRUARY

S	M	T	W	T	F	S
						1
2	3	4	5	6	7	8
9	10	11	12	13	14	15
16	17	18	19	20	21	22
23	24	25	26	27	28	29

MARCH

S	M	T	W	T	F	S
1	2	3	4	5	6	7
8	9	10	11	12	13	14
15	16	17	18	19	20	21
22	23	24	25	26	27	28
29	30	31				

APRIL

S	M	T	W	T	F	S
			1	2	3	4
5	6	7	8	9	10	11
12	13	14	15	16	17	18
19	20	21	22	23	24	25
26	27	28	29	30		

MAY

S	M	T	W	T	F	S
					1	2
3	4	5	6	7	8	9
10	11	12	13	14	15	16
17	18	19	20	21	22	23
24	25	26	27	28	29	30
31						

JUNE

S	M	T	W	T	F	S
	1	2	3	4	5	6
7	8	9	10	11	12	13
14	15	16	17	18	19	20
21	22	23	24	25	26	27
28	29	30				

JULY

S	M	T	W	T	F	S
			1	2	3	4
5	6	7	8	9	10	11
12	13	14	15	16	17	18
19	20	21	22	23	24	25
26	27	28	29	30	31	

AUGUST

S	M	T	W	T	F	S
						1
2	3	4	5	6	7	8
9	10	11	12	13	14	15
16	17	18	19	20	21	22
23	24	25	26	27	28	29
30	31					

SEPTEMBER

S	M	T	W	T	F	S
		1	2	3	4	5
6	7	8	9	10	11	12
13	14	15	16	17	18	19
20	21	22	23	24	25	26
27	28	29	30			

OCTOBER

S	M	T	W	T	F	S
				1	2	3
4	5	6	7	8	9	10
11	12	13	14	15	16	17
18	19	20	21	22	23	24
25	26	27	28	29	30	31

NOVEMBER

S	M	T	W	T	F	S
1	2	3	4	5	6	7
8	9	10	11	12	13	14
15	16	17	18	19	20	21
22	23	24	25	26	27	28
29	30					

DECEMBER

S	M	T	W	T	F	S
		1	2	3	4	5
6	7	8	9	10	11	12
13	14	15	16	17	18	19
20	21	22	23	24	25	26
27	28	29	30	31		

JANUARY

NOTES:

SUNDAY	MONDAY	TUESDAY
		1 New Year's Day
6 ●	7	8
13	14 ◐ Coming of Age Day (JPN)	15
20	21 ○ Martin Luther King, Jr. Day Observance	22
27 ◑	28 Australia Day Observance (AUS)	29

DECEMBER 2018

S	M	T	W	T	F	S
						1
2	3	4	5	6	7	8
9	10	11	12	13	14	15
16	17	18	19	20	21	22
23	24	25	26	27	28	29
30	31					

FEBRUARY

S	M	T	W	T	F	S
					1	2
3	4	5	6	7	8	9
10	11	12	13	14	15	16
17	18	19	20	21	22	23
24	25	26	27	28		

2019

WEDNESDAY	THURSDAY	FRIDAY	SATURDAY
2 Day After New Year's Day (NZL)	3	4	5
9	10	11	12
16	17	18	19
23	24	25	26 Australia Day (AUS)
30	31		

FEBRUARY

NOTES:

SUNDAY	MONDAY	TUESDAY
3	4	5 Chinese New Yea
10	11 National Foundation Day (JPN)	12 Abraham Lincoln's Birthday
17	18 Presidents' Day	19
24	25	26

JANUARY

S	M	T	W	T	F	S
		1	2	3	4	5
6	7	8	9	10	11	12
13	14	15	16	17	18	19
20	21	22	23	24	25	26
27	28	29	30	31		

MARCH

S	M	T	W	T	F	S
					1	2
3	4	5	6	7	8	9
10	11	12	13	14	15	16
17	18	19	20	21	22	23
24	25	26	27	28	29	30
31						

WEDNESDAY	THURSDAY	FRIDAY	SATURDAY
		1	2 Groundhog Day
6 Waitangi Day (NZL)	7	8	9
13	14 Valentine's Day	15 Flag Day (CAN)	16
20	21	22 George Washington's Birthday	23
27	28	 	

MARCH

NOTES:

SUNDAY	MONDAY	TUESDAY

SUNDAY	MONDAY	TUESDAY
3	4	5 Mardi Gras Day
10 Daylight Saving Time Begins	11 Canberra Day (AUS)	12
17 St. Patrick's Day	18	19
24	25	26
31 Mothering Sunday (UK)		

FEBRUARY

S	M	T	W	T	F	S
					1	2
3	4	5	6	7	8	9
10	11	12	13	14	15	16
17	18	19	20	21	22	23
24	25	26	27	28		

APRIL

S	M	T	W	T	F	S
	1	2	3	4	5	6
7	8	9	10	11	12	13
14	15	16	17	18	19	20
21	22	23	24	25	26	27
28	29	30				

WEDNESDAY	THURSDAY	FRIDAY	SATURDAY
		1	2
6 ● Ash Wednesday	7	8	9
13	14 ◐	15	16
20 Purim Begins at Sundown; First Day of Spring	21 ○	22	23
27	28 ◑	29	30

APRIL

NOTES:

SUNDAY	MONDAY	TUESDAY
	1 April Fool's Day	2
7	8	9
14 Palm Sunday	15	16
21 Easter Sunday / Queen's Birthday (UK)	22 Easter Monday (AUS, CAN, NZL, UK) / Earth Day	23
28	29 Showa Day (JPN)	30

MARCH

S	M	T	W	T	F	S
					1	2
3	4	5	6	7	8	9
10	11	12	13	14	15	16
17	18	19	20	21	22	23
24	25	26	27	28	29	30
31						

MAY

S	M	T	W	T	F	S
			1	2	3	4
5	6	7	8	9	10	11
12	13	14	15	16	17	18
19	20	21	22	23	24	25
26	27	28	29	30	31	

WEDNESDAY	THURSDAY	FRIDAY	SATURDAY
3	4	5 ●	6
10	11	12 ◐	13
17	18	19 ○ Good Friday Passover Begins at Sundown	20
24 Administrative Professionals Day	25 Anzac Day (AUS, NZL)	26 ◑ Arbor Day	27

MAY

NOTES:

SUNDAY	MONDAY	TUESDAY
5 Ramadan Begins at Sundown (NA) Cinco de Mayo Children's Day (JPN)	6 Early May Bank Holiday (UK)	7 National Teacher Day
12 ◐ Mother's Day	13	14
19	20 Victoria Day (CAN)	21
26 ◑	27 Memorial Day Observance Spring Bank Holiday (UK)	28

APRIL

S	M	T	W	T	F	S
	1	2	3	4	5	6
7	8	9	10	11	12	13
14	15	16	17	18	19	20
21	22	23	24	25	26	27
28	29	30				

JUNE

S	M	T	W	T	F	S
						1
2	3	4	5	6	7	8
9	10	11	12	13	14	15
16	17	18	19	20	21	22
23	24	25	26	27	28	29
30						

WEDNESDAY	THURSDAY	FRIDAY	SATURDAY
1 May Day	2 National Day of Prayer	3 Constitution Day (JPN)	4 ● Greenery Day (JPN)
8	9	10	11
15	16	17	18 ○ Armed Forces Day
22	23	24	25
29	30	31	

JUNE

NOTES:

SUNDAY	MONDAY	TUESDAY
2 Canadian Forces Day (CAN)	3 Queen's Birthday (NZL)	4
9	10 Queen's Birthday (AUS, except WA & QLD)	11
16 Father's Day	17	18
23	24 St-Jean Baptiste Day (Quebec)	25
30		

MAY

S	M	T	W	T	F	S
			1	2	3	4
5	6	7	8	9	10	11
12	13	14	15	16	17	18
19	20	21	22	23	24	25
26	27	28	29	30	31	

JULY

S	M	T	W	T	F	S
	1	2	3	4	5	6
7	8	9	10	11	12	13
14	15	16	17	18	19	20
21	22	23	24	25	26	27
28	29	30	31			

2019

WEDNESDAY	THURSDAY	FRIDAY	SATURDAY
			1
5	6	7	8
12	13	14 Flag Day	15
19	20	21 First Day of Summer	22
26	27	28	29

JULY

NOTES:

SUNDAY	MONDAY	TUESDAY
	1 Canada Day (CAN)	2
7	8	9
14 Bastille Day	15 Ocean Day (JPN)	16
21	22	23
28	29	30

JUNE

S	M	T	W	T	F	S
						1
2	3	4	5	6	7	8
9	10	11	12	13	14	15
16	17	18	19	20	21	22
23	24	25	26	27	28	29
30						

AUGUST

S	M	T	W	T	F	S
				1	2	3
4	5	6	7	8	9	10
11	12	13	14	15	16	17
18	19	20	21	22	23	24
25	26	27	28	29	30	31

WEDNESDAY	THURSDAY	FRIDAY	SATURDAY
3	4 Independence Day	5	6
0	11	12	13
7	18	19	20
24	25 ◑	26	27
31			

AUGUST

NOTES:

SUNDAY	MONDAY	TUESDAY

SUNDAY	MONDAY	TUESDAY
4	5 Civic Holiday (CAN)	6
11 Mountain Day (JPN)	12	13
18	19	20
25	26 Summer Bank Holiday (UK)	27

JULY

S	M	T	W	T	F	S
	1	2	3	4	5	6
7	8	9	10	11	12	13
14	15	16	17	18	19	20
21	22	23	24	25	26	27
28	29	30	31			

SEPTEMBER

S	M	T	W	T	F	S
1	2	3	4	5	6	7
8	9	10	11	12	13	14
15	16	17	18	19	20	21
22	23	24	25	26	27	28
29	30					

2019

WEDNESDAY	THURSDAY	FRIDAY	SATURDAY
	1 ●	2	3
7 ◐	8	9	10
14	15 ○	16	17
21	22	23 ◑	24
28	29	30 ●	31

SEPTEMBER

NOTES:

SUNDAY	MONDAY	TUESDAY
1 Father's Day (AUS, NZL)	2 Labor Day / Labour Day (CAN)	3
8 Grandparents' Day	9	10
15	16 Respect for the Aged Day (JPN)	17
22 ◑	23 First Day of Autumn	24
29 Rosh Hashanah Begins at Sundown	30 Queen's Birthday (W AUS)	

AUGUST

S	M	T	W	T	F	S
				1	2	3
4	5	6	7	8	9	10
11	12	13	14	15	16	17
18	19	20	21	22	23	24
25	26	27	28	29	30	31

OCTOBER

S	M	T	W	T	F	S
		1	2	3	4	5
6	7	8	9	10	11	12
13	14	15	16	17	18	19
20	21	22	23	24	25	26
27	28	29	30	31		

WEDNESDAY	THURSDAY	FRIDAY	SATURDAY
4	5	6 ◐	7
11 Patriot Day	12	13	14 ○
18	19	20	21 International Day of Peace
25	26	27	28 ●

OCTOBER

NOTES:

SUNDAY ♥	MONDAY ♥	TUESDAY
		1 Breast Cancer Awareness Month
6	7 Queen's Birthday (QLD)	8 Yom Kippur Begins at Sundown
13 ○	14 Columbus Day Observance Thanksgiving Day (CAN) Health and Sports Day (JPN)	15
20	21 ◑	22
27	28 ● Labour Day (NZL)	29

SEPTEMBER

S	M	T	W	T	F	S
1	2	3	4	5	6	7
8	9	10	11	12	13	14
15	16	17	18	19	20	21
22	23	24	25	26	27	28
29	30					

NOVEMBER

S	M	T	W	T	F	S
					1	2
3	4	5	6	7	8	9
10	11	12	13	14	15	16
17	18	19	20	21	22	23
24	25	26	27	28	29	30

WEDNESDAY	THURSDAY	FRIDAY	SATURDAY
2	3	4	5 ◐
9	10	11	12
16 National Boss Day	17	18	19 Sweetest Day
23	24	25	26
30	31 Halloween		

NOVEMBER

NOTES:

SUNDAY	MONDAY	TUESDAY
3 Daylight Saving Time Ends Culture Day (JPN)	4 ◐	5 Election Day
10 Remembrance Sunday (UK)	11 Veterans Day Remembrance Day (CAN)	12
17	18	19
24	25	26

OCTOBER

S	M	T	W	T	F	S
		1	2	3	4	5
6	7	8	9	10	11	12
13	14	15	16	17	18	19
20	21	22	23	24	25	26
27	28	29	30	31		

DECEMBER

S	M	T	W	T	F	S
1	2	3	4	5	6	7
8	9	10	11	12	13	14
15	16	17	18	19	20	21
22	23	24	25	26	27	28
29	30	31				

2019

WEDNESDAY	THURSDAY	FRIDAY	SATURDAY
		1 All Saints' Day	2
6	7	8	9
13	14	15	16
20 Universal Children's Day	21	22	23 Labor Thanksgiving Day (JPN)
27	28 Thanksgiving Day	29	30

DECEMBER

NOTES:

SUNDAY	MONDAY	TUESDAY
1	2	3
8	9	10
15	16	17
22 Hanukkah Begins at Sundown / First Day of Winter	23 The Emperor's Birthday (JPN)	24
29	30	31 New Year's Eve

NOVEMBER

S	M	T	W	T	F	S
					1	2
3	4	5	6	7	8	9
10	11	12	13	14	15	16
17	18	19	20	21	22	23
24	25	26	27	28	29	30

JANUARY 2020

S	M	T	W	T	F	S
			1	2	3	4
5	6	7	8	9	10	11
12	13	14	15	16	17	18
19	20	21	22	23	24	25
26	27	28	29	30	31	

2019

WEDNESDAY	THURSDAY	FRIDAY	SATURDAY
4 ◐	5	6	7 Pearl Harbor Remembrance Day
11	12 ○	13	14
18	19 ◑	20	21
25 Christmas Day	26 ● Kwanzaa Begins Boxing Day (AUS, CAN, NZL, UK)	27	28

DECEMBER-JANUARY 2018-2019

31 MONDAY
New Year's Eve

1 TUESDAY
New Year's Day

2 WEDNESDAY
Day After New Year's Day (NZL)

3 THURSDAY

JANUARY 2019

4 FRIDAY

5 SATURDAY

6 SUNDAY

DECEMBER 2018

S	M	T	W	T	F	S
						1
2	3	4	5	6	7	8
9	10	11	12	13	14	15
16	17	18	19	20	21	22
23	24	25	26	27	28	29
30	31					

JANUARY

S	M	T	W	T	F	S
		1	2	3	4	5
6	7	8	9	10	11	12
13	14	15	16	17	18	19
20	21	22	23	24	25	26
27	28	29	30	31		

FEBRUARY

S	M	T	W	T	F	S
					1	2
3	4	5	6	7	8	9
10	11	12	13	14	15	16
17	18	19	20	21	22	23
24	25	26	27	28		

JANUARY 2019

7 MONDAY

8 TUESDAY

9 WEDNESDAY

10 THURSDAY

JANUARY 2019

11 FRIDAY

12 SATURDAY

13 SUNDAY

DECEMBER 2018

S	M	T	W	T	F	S
						1
2	3	4	5	6	7	8
9	10	11	12	13	14	15
16	17	18	19	20	21	22
23	24	25	26	27	28	29
30	31					

JANUARY

S	M	T	W	T	F	S
		1	2	3	4	5
6	7	8	9	10	11	12
13	14	15	16	17	18	19
20	21	22	23	24	25	26
27	28	29	30	31		

FEBRUARY

S	M	T	W	T	F	S
					1	2
3	4	5	6	7	8	9
10	11	12	13	14	15	16
17	18	19	20	21	22	23
24	25	26	27	28		

JANUARY 2019

14 MONDAY

Coming of Age Day (JPN)

15 TUESDAY

16 WEDNESDAY

17 THURSDAY

JANUARY 2019

18 FRIDAY

19 SATURDAY

20 SUNDAY

DECEMBER 2018

S	M	T	W	T	F	S
						1
2	3	4	5	6	7	8
9	10	11	12	13	14	15
16	17	18	19	20	21	22
23	24	25	26	27	28	29
30	31					

JANUARY

S	M	T	W	T	F	S
		1	2	3	4	5
6	7	8	9	10	11	12
13	14	15	16	17	18	19
20	21	22	23	24	25	26
27	28	29	30	31		

FEBRUARY

S	M	T	W	T	F	S
					1	2
3	4	5	6	7	8	9
10	11	12	13	14	15	16
17	18	19	20	21	22	23
24	25	26	27	28		

JANUARY 2019

21 MONDAY

Martin Luther King, Jr. Day Observance

22 TUESDAY

23 WEDNESDAY

24 THURSDAY

25 FRIDAY

26 SATURDAY

Australia Day (AUS)

27 SUNDAY

DECEMBER 2018

S	M	T	W	T	F	S
						1
2	3	4	5	6	7	8
9	10	11	12	13	14	15
16	17	18	19	20	21	22
23	24	25	26	27	28	29
30	31					

JANUARY

S	M	T	W	T	F	S
		1	2	3	4	5
6	7	8	9	10	11	12
13	14	15	16	17	18	19
20	21	22	23	24	25	26
27	28	29	30	31		

FEBRUARY

S	M	T	W	T	F	S
					1	2
3	4	5	6	7	8	9
10	11	12	13	14	15	16
17	18	19	20	21	22	23
24	25	26	27	28		

JANUARY 2019

28 MONDAY

Australia Day Observance (AUS)

29 TUESDAY

30 WEDNESDAY

31 THURSDAY

FEBRUARY 2019

1 FRIDAY

2 SATURDAY

Groundhog Day

3 SUNDAY

JANUARY

S	M	T	W	T	F	S
		1	2	3	4	5
6	7	8	9	10	11	12
13	14	15	16	17	18	19
20	21	22	23	24	25	26
27	28	29	30	31		

FEBRUARY

S	M	T	W	T	F	S
					1	2
3	4	5	6	7	8	9
10	11	12	13	14	15	16
17	18	19	20	21	22	23
24	25	26	27	28		

MARCH

S	M	T	W	T	F	S
					1	2
3	4	5	6	7	8	9
10	11	12	13	14	15	16
17	18	19	20	21	22	23
24	25	26	27	28	29	30
31						

FEBRUARY 2019

4 MONDAY

5 TUESDAY

Chinese New Year

6 WEDNESDAY

Waitangi Day (NZL)

7 THURSDAY

FEBRUARY 2019

8 FRIDAY

9 SATURDAY

10 SUNDAY

JANUARY

S	M	T	W	T	F	S
		1	2	3	4	5
6	7	8	9	10	11	12
13	14	15	16	17	18	19
20	21	22	23	24	25	26
27	28	29	30	31		

FEBRUARY

S	M	T	W	T	F	S
					1	2
3	4	5	6	7	8	9
10	11	12	13	14	15	16
17	18	19	20	21	22	23
24	25	26	27	28		

MARCH

S	M	T	W	T	F	S
					1	2
3	4	5	6	7	8	9
10	11	12	13	14	15	16
17	18	19	20	21	22	23
24	25	26	27	28	29	30
31						

FEBRUARY 2019

11 MONDAY
National Foundation Day (JPN)

12 TUESDAY
Abraham Lincoln's Birthday

13 WEDNESDAY

14 THURSDAY
Valentine's Day

FEBRUARY 2019

15 FRIDAY

Flag Day (CAN)

16 SATURDAY

17 SUNDAY

JANUARY

S	M	T	W	T	F	S
		1	2	3	4	5
6	7	8	9	10	11	12
13	14	15	16	17	18	19
20	21	22	23	24	25	26
27	28	29	30	31		

FEBRUARY

S	M	T	W	T	F	S
					1	2
3	4	5	6	7	8	9
10	11	12	13	14	15	16
17	18	19	20	21	22	23
24	25	26	27	28		

MARCH

S	M	T	W	T	F	S
					1	2
3	4	5	6	7	8	9
10	11	12	13	14	15	16
17	18	19	20	21	22	23
24	25	26	27	28	29	30
31						

FEBRUARY 2019

18 MONDAY

Presidents' Day

19 TUESDAY

20 WEDNESDAY

21 THURSDAY

FEBRUARY 2019

22 FRIDAY

George Washington's Birthday

23 SATURDAY

24 SUNDAY

JANUARY

S	M	T	W	T	F	S
		1	2	3	4	5
6	7	8	9	10	11	12
13	14	15	16	17	18	19
20	21	22	23	24	25	26
27	28	29	30	31		

FEBRUARY

S	M	T	W	T	F	S
					1	2
3	4	5	6	7	8	9
10	11	12	13	14	15	16
17	18	19	20	21	22	23
24	25	26	27	28		

MARCH

S	M	T	W	T	F	S
					1	2
3	4	5	6	7	8	9
10	11	12	13	14	15	16
17	18	19	20	21	22	23
24	25	26	27	28	29	30
31						

FEBRUARY 2019

25 MONDAY

26 TUESDAY

27 WEDNESDAY

28 THURSDAY

MARCH 2019

1 FRIDAY

2 SATURDAY

3 SUNDAY

FEBRUARY

S	M	T	W	T	F	S
					1	2
3	4	5	6	7	8	9
10	11	12	13	14	15	16
17	18	19	20	21	22	23
24	25	26	27	28		

MARCH

S	M	T	W	T	F	S
					1	2
3	4	5	6	7	8	9
10	11	12	13	14	15	16
17	18	19	20	21	22	23
24	25	26	27	28	29	30
31						

APRIL

S	M	T	W	T	F	S
	1	2	3	4	5	6
7	8	9	10	11	12	13
14	15	16	17	18	19	20
21	22	23	24	25	26	27
28	29	30				

MARCH 2019

4 MONDAY

5 TUESDAY

Mardi Gras Day

6 WEDNESDAY

Ash Wednesday

7 THURSDAY

MARCH 2019

8 FRIDAY

9 SATURDAY

10 SUNDAY

Daylight Saving Time Begins

FEBRUARY

S	M	T	W	T	F	S
					1	2
3	4	5	6	7	8	9
10	11	12	13	14	15	16
17	18	19	20	21	22	23
24	25	26	27	28		

MARCH

S	M	T	W	T	F	S
					1	2
3	4	5	6	7	8	9
10	11	12	13	14	15	16
17	18	19	20	21	22	23
24	25	26	27	28	29	30
31						

APRIL

S	M	T	W	T	F	S
	1	2	3	4	5	6
7	8	9	10	11	12	13
14	15	16	17	18	19	20
21	22	23	24	25	26	27
28	29	30				

MARCH 2019

11 MONDAY

Canberra Day (AUS)

12 TUESDAY

13 WEDNESDAY

14 THURSDAY

MARCH 2019

15 FRIDAY

16 SATURDAY

17 SUNDAY

St. Patrick's Day

FEBRUARY

S	M	T	W	T	F	S
					1	2
3	4	5	6	7	8	9
10	11	12	13	14	15	16
17	18	19	20	21	22	23
24	25	26	27	28		

MARCH

S	M	T	W	T	F	S
					1	2
3	4	5	6	7	8	9
10	11	12	13	14	15	16
17	18	19	20	21	22	23
24	25	26	27	28	29	30
31						

APRIL

S	M	T	W	T	F	S
	1	2	3	4	5	6
7	8	9	10	11	12	13
14	15	16	17	18	19	20
21	22	23	24	25	26	27
28	29	30				

MARCH 2019

18 MONDAY

19 TUESDAY

20 WEDNESDAY

Purim Begins at Sundown • First Day of Spring

21 THURSDAY

MARCH 2019

22 FRIDAY

23 SATURDAY

24 SUNDAY

FEBRUARY

S	M	T	W	T	F	S
					1	2
3	4	5	6	7	8	9
10	11	12	13	14	15	16
17	18	19	20	21	22	23
24	25	26	27	28		

MARCH

S	M	T	W	T	F	S
					1	2
3	4	5	6	7	8	9
10	11	12	13	14	15	16
17	18	19	20	21	22	23
24	25	26	27	28	29	30
31						

APRIL

S	M	T	W	T	F	S
	1	2	3	4	5	6
7	8	9	10	11	12	13
14	15	16	17	18	19	20
21	22	23	24	25	26	27
28	29	30				

MARCH 2019

25 MONDAY

26 TUESDAY

27 WEDNESDAY

28 THURSDAY

MARCH 2019

29 FRIDAY

30 SATURDAY

31 SUNDAY

Mothering Sunday (UK)

FEBRUARY

S	M	T	W	T	F	S
					1	2
3	4	5	6	7	8	9
10	11	12	13	14	15	16
17	18	19	20	21	22	23
24	25	26	27	28		

MARCH

S	M	T	W	T	F	S
					1	2
3	4	5	6	7	8	9
10	11	12	13	14	15	16
17	18	19	20	21	22	23
24	25	26	27	28	29	30
31						

APRIL

S	M	T	W	T	F	S
	1	2	3	4	5	6
7	8	9	10	11	12	13
14	15	16	17	18	19	20
21	22	23	24	25	26	27
28	29	30				

APRIL

2019

1 MONDAY

April Fool's Day

2 TUESDAY

3 WEDNESDAY

4 THURSDAY

APRIL 2019

5 FRIDAY

6 SATURDAY

7 SUNDAY

MARCH

S	M	T	W	T	F	S
					1	2
3	4	5	6	7	8	9
10	11	12	13	14	15	16
17	18	19	20	21	22	23
24	25	26	27	28	29	30
31						

APRIL

S	M	T	W	T	F	S
	1	2	3	4	5	6
7	8	9	10	11	12	13
14	15	16	17	18	19	20
21	22	23	24	25	26	27
28	29	30				

MAY

S	M	T	W	T	F	S
			1	2	3	4
5	6	7	8	9	10	11
12	13	14	15	16	17	18
19	20	21	22	23	24	25
26	27	28	29	30	31	

APRIL 2019

8 MONDAY

9 TUESDAY

10 WEDNESDAY

11 THURSDAY

APRIL 2019

12 FRIDAY

13 SATURDAY

14 SUNDAY

Palm Sunday

MARCH

S	M	T	W	T	F	S
					1	2
3	4	5	6	7	8	9
10	11	12	13	14	15	16
17	18	19	20	21	22	23
24	25	26	27	28	29	30
31						

APRIL

S	M	T	W	T	F	S
	1	2	3	4	5	6
7	8	9	10	11	12	13
14	15	16	17	18	19	20
21	22	23	24	25	26	27
28	29	30				

MAY

S	M	T	W	T	F	S
			1	2	3	4
5	6	7	8	9	10	11
12	13	14	15	16	17	18
19	20	21	22	23	24	25
26	27	28	29	30	31	

APRIL 2019

15 MONDAY

16 TUESDAY

17 WEDNESDAY

18 THURSDAY

APRIL 2019

19 FRIDAY

Good Friday • Passover Begins at Sundown

20 SATURDAY

21 SUNDAY

Easter Sunday • Queen's Birthday (UK)

MARCH

S	M	T	W	T	F	S
					1	2
3	4	5	6	7	8	9
10	11	12	13	14	15	16
17	18	19	20	21	22	23
24	25	26	27	28	29	30
31						

APRIL

S	M	T	W	T	F	S
	1	2	3	4	5	6
7	8	9	10	11	12	13
14	15	16	17	18	19	20
21	22	23	24	25	26	27
28	29	30				

MAY

S	M	T	W	T	F	S
			1	2	3	4
5	6	7	8	9	10	11
12	13	14	15	16	17	18
19	20	21	22	23	24	25
26	27	28	29	30	31	

APRIL 2019

22 MONDAY

Easter Monday (AUS, CAN, NZL, UK) • Earth Day

23 TUESDAY

24 WEDNESDAY

Administrative Professionals Day

25 THURSDAY

Anzac Day (AUS, NZL)

26 FRIDAY

Arbor Day

27 SATURDAY

28 SUNDAY

MARCH

S	M	T	W	T	F	S
					1	2
3	4	5	6	7	8	9
10	11	12	13	14	15	16
17	18	19	20	21	22	23
24	25	26	27	28	29	30
31						

APRIL

S	M	T	W	T	F	S
	1	2	3	4	5	6
7	8	9	10	11	12	13
14	15	16	17	18	19	20
21	22	23	24	25	26	27
28	29	30				

MAY

S	M	T	W	T	F	S
			1	2	3	4
5	6	7	8	9	10	11
12	13	14	15	16	17	18
19	20	21	22	23	24	25
26	27	28	29	30	31	

APRIL-MAY 2019

29 MONDAY

Showa Day (JPN)

30 TUESDAY

1 WEDNESDAY

May Day

2 THURSDAY

National Day of Prayer

MAY

2019

3 FRIDAY

Constitution Day (JPN)

4 SATURDAY

Greenery Day (JPN)

5 SUNDAY

Ramadan Begins at Sundown (NA) • Cinco de Mayo • Children's Day (JPN)

APRIL

S	M	T	W	T	F	S
	1	2	3	4	5	6
7	8	9	10	11	12	13
14	15	16	17	18	19	20
21	22	23	24	25	26	27
28	29	30				

MAY

S	M	T	W	T	F	S
			1	2	3	4
5	6	7	8	9	10	11
12	13	14	15	16	17	18
19	20	21	22	23	24	25
26	27	28	29	30	31	

JUNE

S	M	T	W	T	F	S
						1
2	3	4	5	6	7	8
9	10	11	12	13	14	15
16	17	18	19	20	21	22
23	24	25	26	27	28	29
30						

MAY 2019

6 MONDAY
Early May Bank Holiday (UK)

7 TUESDAY
National Teacher Day

8 WEDNESDAY

9 THURSDAY

MAY 2019

10 FRIDAY

11 SATURDAY

12 SUNDAY

Mother's Day

APRIL

S	M	T	W	T	F	S
	1	2	3	4	5	6
7	8	9	10	11	12	13
14	15	16	17	18	19	20
21	22	23	24	25	26	27
28	29	30				

MAY

S	M	T	W	T	F	S
			1	2	3	4
5	6	7	8	9	10	11
12	13	14	15	16	17	18
19	20	21	22	23	24	25
26	27	28	29	30	31	

JUNE

S	M	T	W	T	F	S
						1
2	3	4	5	6	7	8
9	10	11	12	13	14	15
16	17	18	19	20	21	22
23	24	25	26	27	28	29
30						

MAY 2019

13 MONDAY

14 TUESDAY

15 WEDNESDAY

16 THURSDAY

MAY 2019

17 FRIDAY

18 SATURDAY

Armed Forces Day

19 SUNDAY

APRIL

S	M	T	W	T	F	S
	1	2	3	4	5	6
7	8	9	10	11	12	13
14	15	16	17	18	19	20
21	22	23	24	25	26	27
28	29	30				

MAY

S	M	T	W	T	F	S
			1	2	3	4
5	6	7	8	9	10	11
12	13	14	15	16	17	18
19	20	21	22	23	24	25
26	27	28	29	30	31	

JUNE

S	M	T	W	T	F	S
						1
2	3	4	5	6	7	8
9	10	11	12	13	14	15
16	17	18	19	20	21	22
23	24	25	26	27	28	29
30						

MAY 2019

20 MONDAY

Victoria Day (CAN)

21 TUESDAY

22 WEDNESDAY

23 THURSDAY

MAY 2019

24 FRIDAY

25 SATURDAY

26 SUNDAY

APRIL

S	M	T	W	T	F	S
	1	2	3	4	5	6
7	8	9	10	11	12	13
14	15	16	17	18	19	20
21	22	23	24	25	26	27
28	29	30				

MAY

S	M	T	W	T	F	S
			1	2	3	4
5	6	7	8	9	10	11
12	13	14	15	16	17	18
19	20	21	22	23	24	25
26	27	28	29	30	31	

JUNE

S	M	T	W	T	F	S
						1
2	3	4	5	6	7	8
9	10	11	12	13	14	15
16	17	18	19	20	21	22
23	24	25	26	27	28	29
30						

MAY 2019

27 MONDAY

Memorial Day Observance • Spring Bank Holiday (UK)

28 TUESDAY

29 WEDNESDAY

30 THURSDAY

31 FRIDAY

1 SATURDAY

2 SUNDAY

Canadian Forces Day (CAN)

APRIL

S	M	T	W	T	F	S
	1	2	3	4	5	6
7	8	9	10	11	12	13
14	15	16	17	18	19	20
21	22	23	24	25	26	27
28	29	30				

MAY

S	M	T	W	T	F	S
			1	2	3	4
5	6	7	8	9	10	11
12	13	14	15	16	17	18
19	20	21	22	23	24	25
26	27	28	29	30	31	

JUNE

S	M	T	W	T	F	S
						1
2	3	4	5	6	7	8
9	10	11	12	13	14	15
16	17	18	19	20	21	22
23	24	25	26	27	28	29
30						

3 MONDAY

Queen's Birthday (NZL)

4 TUESDAY

5 WEDNESDAY

6 THURSDAY

JUNE 2019

7 FRIDAY

8 SATURDAY

9 SUNDAY

MAY

S	M	T	W	T	F	S
			1	2	3	4
5	6	7	8	9	10	11
12	13	14	15	16	17	18
19	20	21	22	23	24	25
26	27	28	29	30	31	

JUNE

S	M	T	W	T	F	S
						1
2	3	4	5	6	7	8
9	10	11	12	13	14	15
16	17	18	19	20	21	22
23	24	25	26	27	28	29
30						

JULY

S	M	T	W	T	F	S
	1	2	3	4	5	6
7	8	9	10	11	12	13
14	15	16	17	18	19	20
21	22	23	24	25	26	27
28	29	30	31			

10 MONDAY

Queen's Birthday (AUS, except WA & QLD)

11 TUESDAY

12 WEDNESDAY

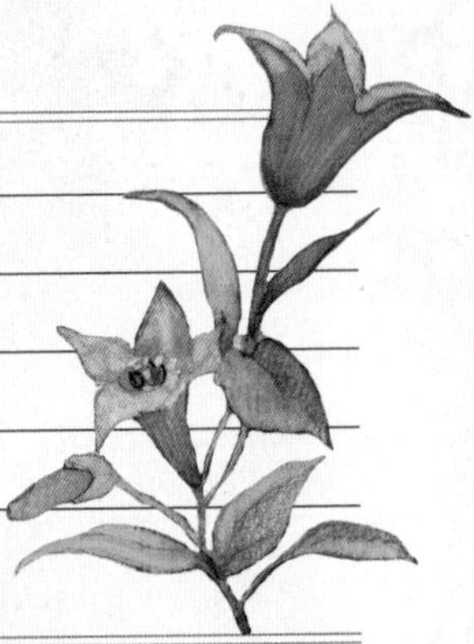

13 THURSDAY

JUNE 2019

14 FRIDAY

Flag Day

15 SATURDAY

16 SUNDAY

Father's Day

MAY

S	M	T	W	T	F	S
			1	2	3	4
5	6	7	8	9	10	11
12	13	14	15	16	17	18
19	20	21	22	23	24	25
26	27	28	29	30	31	

JUNE

S	M	T	W	T	F	S
						1
2	3	4	5	6	7	8
9	10	11	12	13	14	15
16	17	18	19	20	21	22
23	24	25	26	27	28	29
30						

JULY

S	M	T	W	T	F	S
	1	2	3	4	5	6
7	8	9	10	11	12	13
14	15	16	17	18	19	20
21	22	23	24	25	26	27
28	29	30	31			

JUNE 2019

17 MONDAY

18 TUESDAY

19 WEDNESDAY

20 THURSDAY

JUNE 2019

21 FRIDAY

First Day of Summer

22 SATURDAY

23 SUNDAY

MAY

S	M	T	W	T	F	S
			1	2	3	4
5	6	7	8	9	10	11
12	13	14	15	16	17	18
19	20	21	22	23	24	25
26	27	28	29	30	31	

JUNE

S	M	T	W	T	F	S
						1
2	3	4	5	6	7	8
9	10	11	12	13	14	15
16	17	18	19	20	21	22
23	24	25	26	27	28	29
30						

JULY

S	M	T	W	T	F	S
	1	2	3	4	5	6
7	8	9	10	11	12	13
14	15	16	17	18	19	20
21	22	23	24	25	26	27
28	29	30	31			

24 MONDAY

St-Jean Baptiste Day (Quebec)

25 TUESDAY

26 WEDNESDAY

27 THURSDAY

JUNE 2019

28 FRIDAY

29 SATURDAY

30 SUNDAY

MAY

S	M	T	W	T	F	S
			1	2	3	4
5	6	7	8	9	10	11
12	13	14	15	16	17	18
19	20	21	22	23	24	25
26	27	28	29	30	31	

JUNE

S	M	T	W	T	F	S
						1
2	3	4	5	6	7	8
9	10	11	12	13	14	15
16	17	18	19	20	21	22
23	24	25	26	27	28	29
30						

JULY

S	M	T	W	T	F	S
	1	2	3	4	5	6
7	8	9	10	11	12	13
14	15	16	17	18	19	20
21	22	23	24	25	26	27
28	29	30	31			

JULY 2019

1 MONDAY
Canada Day (CAN)

2 TUESDAY

3 WEDNESDAY

4 THURSDAY
Independence Day

JULY 2019

5 FRIDAY

6 SATURDAY

7 SUNDAY

JUNE

S	M	T	W	T	F	S
						1
2	3	4	5	6	7	8
9	10	11	12	13	14	15
16	17	18	19	20	21	22
23	24	25	26	27	28	29
30						

JULY

S	M	T	W	T	F	S
	1	2	3	4	5	6
7	8	9	10	11	12	13
14	15	16	17	18	19	20
21	22	23	24	25	26	27
28	29	30	31			

AUGUST

S	M	T	W	T	F	S
				1	2	3
4	5	6	7	8	9	10
11	12	13	14	15	16	17
18	19	20	21	22	23	24
25	26	27	28	29	30	31

JULY 2019

8 MONDAY

9 TUESDAY

10 WEDNESDAY

11 THURSDAY

12 FRIDAY

13 SATURDAY

14 SUNDAY

Bastille Day

JUNE

S	M	T	W	T	F	S
						1
2	3	4	5	6	7	8
9	10	11	12	13	14	15
16	17	18	19	20	21	22
23	24	25	26	27	28	29
30						

JULY

S	M	T	W	T	F	S
	1	2	3	4	5	6
7	8	9	10	11	12	13
14	15	16	17	18	19	20
21	22	23	24	25	26	27
28	29	30	31			

AUGUST

S	M	T	W	T	F	S
				1	2	3
4	5	6	7	8	9	10
11	12	13	14	15	16	17
18	19	20	21	22	23	24
25	26	27	28	29	30	31

JULY 2019

15 MONDAY

Ocean Day (JPN)

16 TUESDAY

17 WEDNESDAY

18 THURSDAY

JULY 2019

19 FRIDAY

20 SATURDAY

21 SUNDAY

JUNE

S	M	T	W	T	F	S
						1
2	3	4	5	6	7	8
9	10	11	12	13	14	15
16	17	18	19	20	21	22
23	24	25	26	27	28	29
30						

JULY

S	M	T	W	T	F	S
	1	2	3	4	5	6
7	8	9	10	11	12	13
14	15	16	17	18	19	20
21	22	23	24	25	26	27
28	29	30	31			

AUGUST

S	M	T	W	T	F	S
				1	2	3
4	5	6	7	8	9	10
11	12	13	14	15	16	17
18	19	20	21	22	23	24
25	26	27	28	29	30	31

JULY 2019

22 MONDAY

23 TUESDAY

24 WEDNESDAY

25 THURSDAY

JULY 2019

26 FRIDAY

27 SATURDAY

28 SUNDAY

JUNE

S	M	T	W	T	F	S
						1
2	3	4	5	6	7	8
9	10	11	12	13	14	15
16	17	18	19	20	21	22
23	24	25	26	27	28	29
30						

JULY

S	M	T	W	T	F	S
	1	2	3	4	5	6
7	8	9	10	11	12	13
14	15	16	17	18	19	20
21	22	23	24	25	26	27
28	29	30	31			

AUGUST

S	M	T	W	T	F	S
				1	2	3
4	5	6	7	8	9	10
11	12	13	14	15	16	17
18	19	20	21	22	23	24
25	26	27	28	29	30	31

JULY-AUGUST 2019

29 MONDAY

30 TUESDAY

31 WEDNESDAY

1 THURSDAY

AUGUST 2019

2 FRIDAY

3 SATURDAY

4 SUNDAY

JULY

S	M	T	W	T	F	S
	1	2	3	4	5	6
7	8	9	10	11	12	13
14	15	16	17	18	19	20
21	22	23	24	25	26	27
28	29	30	31			

AUGUST

S	M	T	W	T	F	S
				1	2	3
4	5	6	7	8	9	10
11	12	13	14	15	16	17
18	19	20	21	22	23	24
25	26	27	28	29	30	31

SEPTEMBER

S	M	T	W	T	F	S
1	2	3	4	5	6	7
8	9	10	11	12	13	14
15	16	17	18	19	20	21
22	23	24	25	26	27	28
29	30					

AUGUST 2019

5 MONDAY

Civic Holiday (CAN)

6 TUESDAY

7 WEDNESDAY

8 THURSDAY

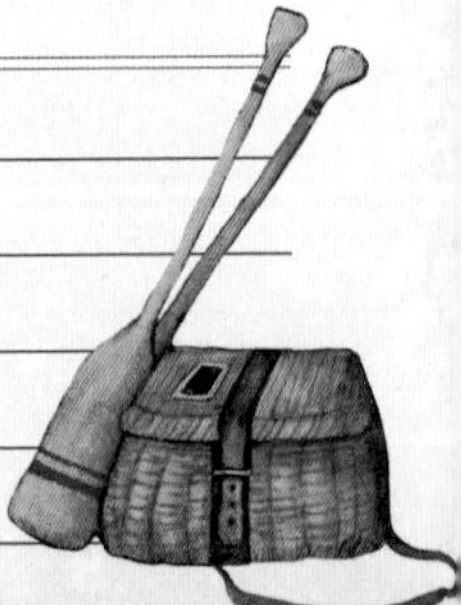

AUGUST 2019

9 FRIDAY

10 SATURDAY

11 SUNDAY

Mountain Day (JPN)

JULY

S	M	T	W	T	F	S
	1	2	3	4	5	6
7	8	9	10	11	12	13
14	15	16	17	18	19	20
21	22	23	24	25	26	27
28	29	30	31			

AUGUST

S	M	T	W	T	F	S
				1	2	3
4	5	6	7	8	9	10
11	12	13	14	15	16	17
18	19	20	21	22	23	24
25	26	27	28	29	30	31

SEPTEMBER

S	M	T	W	T	F	S
1	2	3	4	5	6	7
8	9	10	11	12	13	14
15	16	17	18	19	20	21
22	23	24	25	26	27	28
29	30					

AUGUST 2019

12 MONDAY

13 TUESDAY

14 WEDNESDAY

15 THURSDAY

AUGUST 2019

16 FRIDAY

17 SATURDAY

18 SUNDAY

JULY

S	M	T	W	T	F	S
	1	2	3	4	5	6
7	8	9	10	11	12	13
14	15	16	17	18	19	20
21	22	23	24	25	26	27
28	29	30	31			

AUGUST

S	M	T	W	T	F	S
				1	2	3
4	5	6	7	8	9	10
11	12	13	14	15	16	17
18	19	20	21	22	23	24
25	26	27	28	29	30	31

SEPTEMBER

S	M	T	W	T	F	S
1	2	3	4	5	6	7
8	9	10	11	12	13	14
15	16	17	18	19	20	21
22	23	24	25	26	27	28
29	30					

AUGUST 2019

19 MONDAY

20 TUESDAY

21 WEDNESDAY

22 THURSDAY

AUGUST 2019

23 FRIDAY

24 SATURDAY

25 SUNDAY

JULY

S	M	T	W	T	F	S
	1	2	3	4	5	6
7	8	9	10	11	12	13
14	15	16	17	18	19	20
21	22	23	24	25	26	27
28	29	30	31			

AUGUST

S	M	T	W	T	F	S
				1	2	3
4	5	6	7	8	9	10
11	12	13	14	15	16	17
18	19	20	21	22	23	24
25	26	27	28	29	30	31

SEPTEMBER

S	M	T	W	T	F	S
1	2	3	4	5	6	7
8	9	10	11	12	13	14
15	16	17	18	19	20	21
22	23	24	25	26	27	28
29	30					

AUGUST 2019

26 MONDAY

Summer Bank Holiday (UK)

27 TUESDAY

28 WEDNESDAY

29 THURSDAY

AUGUST-SEPTEMBER 2019

30 FRIDAY

31 SATURDAY

1 SUNDAY

Father's Day (AUS, NZL)

JULY

S	M	T	W	T	F	S
	1	2	3	4	5	6
7	8	9	10	11	12	13
14	15	16	17	18	19	20
21	22	23	24	25	26	27
28	29	30	31			

AUGUST

S	M	T	W	T	F	S
				1	2	3
4	5	6	7	8	9	10
11	12	13	14	15	16	17
18	19	20	21	22	23	24
25	26	27	28	29	30	31

SEPTEMBER

S	M	T	W	T	F	S
1	2	3	4	5	6	7
8	9	10	11	12	13	14
15	16	17	18	19	20	21
22	23	24	25	26	27	28
29	30					

SEPTEMBER 2019

2 MONDAY

Labor Day • Labour Day (CAN)

3 TUESDAY

4 WEDNESDAY

5 THURSDAY

SEPTEMBER 2019

6 FRIDAY

7 SATURDAY

8 SUNDAY

Grandparents' Day

AUGUST

S	M	T	W	T	F	S
				1	2	3
4	5	6	7	8	9	10
11	12	13	14	15	16	17
18	19	20	21	22	23	24
25	26	27	28	29	30	31

SEPTEMBER

S	M	T	W	T	F	S
1	2	3	4	5	6	7
8	9	10	11	12	13	14
15	16	17	18	19	20	21
22	23	24	25	26	27	28
29	30					

OCTOBER

S	M	T	W	T	F	S
		1	2	3	4	5
6	7	8	9	10	11	12
13	14	15	16	17	18	19
20	21	22	23	24	25	26
27	28	29	30	31		

SEPTEMBER 2019

9 MONDAY

10 TUESDAY

11 WEDNESDAY

Patriot Day

12 THURSDAY

SEPTEMBER 2019

13 FRIDAY

14 SATURDAY

15 SUNDAY

AUGUST

S	M	T	W	T	F	S
				1	2	3
4	5	6	7	8	9	10
11	12	13	14	15	16	17
18	19	20	21	22	23	24
25	26	27	28	29	30	31

SEPTEMBER

S	M	T	W	T	F	S
1	2	3	4	5	6	7
8	9	10	11	12	13	14
15	16	17	18	19	20	21
22	23	24	25	26	27	28
29	30					

OCTOBER

S	M	T	W	T	F	S
		1	2	3	4	5
6	7	8	9	10	11	12
13	14	15	16	17	18	19
20	21	22	23	24	25	26
27	28	29	30	31		

SEPTEMBER 2019

16 MONDAY
Respect for the Aged Day (JPN)

17 TUESDAY

18 WEDNESDAY

19 THURSDAY

SEPTEMBER 2019

20 FRIDAY

21 SATURDAY

International Day of Peace

22 SUNDAY

AUGUST

S	M	T	W	T	F	S
				1	2	3
4	5	6	7	8	9	10
11	12	13	14	15	16	17
18	19	20	21	22	23	24
25	26	27	28	29	30	31

SEPTEMBER

S	M	T	W	T	F	S
1	2	3	4	5	6	7
8	9	10	11	12	13	14
15	16	17	18	19	20	21
22	23	24	25	26	27	28
29	30					

OCTOBER

S	M	T	W	T	F	S
		1	2	3	4	5
6	7	8	9	10	11	12
13	14	15	16	17	18	19
20	21	22	23	24	25	26
27	28	29	30	31		

SEPTEMBER 2019

23 MONDAY

First Day of Autumn

24 TUESDAY

25 WEDNESDAY

26 THURSDAY

SEPTEMBER 2019

27 FRIDAY

28 SATURDAY

29 SUNDAY

Rosh Hashanah Begins at Sundown

AUGUST

S	M	T	W	T	F	S
				1	2	3
4	5	6	7	8	9	10
11	12	13	14	15	16	17
18	19	20	21	22	23	24
25	26	27	28	29	30	31

SEPTEMBER

S	M	T	W	T	F	S
1	2	3	4	5	6	7
8	9	10	11	12	13	14
15	16	17	18	19	20	21
22	23	24	25	26	27	28
29	30					

OCTOBER

S	M	T	W	T	F	S
		1	2	3	4	5
6	7	8	9	10	11	12
13	14	15	16	17	18	19
20	21	22	23	24	25	26
27	28	29	30	31		

SEPTEMBER-OCTOBER 2019

30 MONDAY

Queen's Birthday (W AUS)

1 TUESDAY

Breast Cancer Awareness Month

2 WEDNESDAY

3 THURSDAY

OCTOBER 2019

4 FRIDAY

5 SATURDAY

6 SUNDAY

SEPTEMBER

S	M	T	W	T	F	S
1	2	3	4	5	6	7
8	9	10	11	12	13	14
15	16	17	18	19	20	21
22	23	24	25	26	27	28
29	30					

OCTOBER

S	M	T	W	T	F	S
		1	2	3	4	5
6	7	8	9	10	11	12
13	14	15	16	17	18	19
20	21	22	23	24	25	26
27	28	29	30	31		

NOVEMBER

S	M	T	W	T	F	S
					1	2
3	4	5	6	7	8	9
10	11	12	13	14	15	16
17	18	19	20	21	22	23
24	25	26	27	28	29	30

OCTOBER 2019

7 MONDAY

Queen's Birthday (QLD)

8 TUESDAY

Yom Kippur Begins at Sundown

9 WEDNESDAY

10 THURSDAY

OCTOBER 2019

11 FRIDAY

12 SATURDAY

13 SUNDAY

SEPTEMBER

S	M	T	W	T	F	S
1	2	3	4	5	6	7
8	9	10	11	12	13	14
15	16	17	18	19	20	21
22	23	24	25	26	27	28
29	30					

OCTOBER

S	M	T	W	T	F	S
		1	2	3	4	5
6	7	8	9	10	11	12
13	14	15	16	17	18	19
20	21	22	23	24	25	26
27	28	29	30	31		

NOVEMBER

S	M	T	W	T	F	S
					1	2
3	4	5	6	7	8	9
10	11	12	13	14	15	16
17	18	19	20	21	22	23
24	25	26	27	28	29	30

OCTOBER 2019

14 MONDAY

Columbus Day Observance • Thanksgiving Day (CAN)
Health and Sports Day (JPN)

15 TUESDAY

16 WEDNESDAY

National Boss Day

17 THURSDAY

OCTOBER 2019

18 FRIDAY

19 SATURDAY

Sweetest Day

20 SUNDAY

SEPTEMBER

S	M	T	W	T	F	S
1	2	3	4	5	6	7
8	9	10	11	12	13	14
15	16	17	18	19	20	21
22	23	24	25	26	27	28
29	30					

OCTOBER

S	M	T	W	T	F	S
		1	2	3	4	5
6	7	8	9	10	11	12
13	14	15	16	17	18	19
20	21	22	23	24	25	26
27	28	29	30	31		

NOVEMBER

S	M	T	W	T	F	S
					1	2
3	4	5	6	7	8	9
10	11	12	13	14	15	16
17	18	19	20	21	22	23
24	25	26	27	28	29	30

OCTOBER 2019

21 MONDAY

22 TUESDAY

23 WEDNESDAY

24 THURSDAY

OCTOBER 2019

25 FRIDAY

26 SATURDAY

27 SUNDAY

SEPTEMBER

S	M	T	W	T	F	S
1	2	3	4	5	6	7
8	9	10	11	12	13	14
15	16	17	18	19	20	21
22	23	24	25	26	27	28
29	30					

OCTOBER

S	M	T	W	T	F	S
		1	2	3	4	5
6	7	8	9	10	11	12
13	14	15	16	17	18	19
20	21	22	23	24	25	26
27	28	29	30	31		

NOVEMBER

S	M	T	W	T	F	S
					1	2
3	4	5	6	7	8	9
10	11	12	13	14	15	16
17	18	19	20	21	22	23
24	25	26	27	28	29	30

OCTOBER 2019

28 MONDAY
Labour Day (NZL)

29 TUESDAY

30 WEDNESDAY

31 THURSDAY
Halloween

NOVEMBER 2019

1 FRIDAY

All Saints' Day

2 SATURDAY

3 SUNDAY

Daylight Saving Time Ends • Culture Day (JPN)

SEPTEMBER

S	M	T	W	T	F	S
1	2	3	4	5	6	7
8	9	10	11	12	13	14
15	16	17	18	19	20	21
22	23	24	25	26	27	28
29	30					

OCTOBER

S	M	T	W	T	F	S
		1	2	3	4	5
6	7	8	9	10	11	12
13	14	15	16	17	18	19
20	21	22	23	24	25	26
27	28	29	30	31		

NOVEMBER

S	M	T	W	T	F	S
					1	2
3	4	5	6	7	8	9
10	11	12	13	14	15	16
17	18	19	20	21	22	23
24	25	26	27	28	29	30

NOVEMBER 2019

4 MONDAY

5 TUESDAY

Election Day

6 WEDNESDAY

7 THURSDAY

NOVEMBER 2019

8 FRIDAY

9 SATURDAY

10 SUNDAY

Remembrance Sunday (UK)

OCTOBER

S	M	T	W	T	F	S
		1	2	3	4	5
6	7	8	9	10	11	12
13	14	15	16	17	18	19
20	21	22	23	24	25	26
27	28	29	30	31		

NOVEMBER

S	M	T	W	T	F	S
					1	2
3	4	5	6	7	8	9
10	11	12	13	14	15	16
17	18	19	20	21	22	23
24	25	26	27	28	29	30

DECEMBER

S	M	T	W	T	F	S
1	2	3	4	5	6	7
8	9	10	11	12	13	14
15	16	17	18	19	20	21
22	23	24	25	26	27	28
29	30	31				

NOVEMBER 2019

11 MONDAY
Veterans Day • Remembrance Day (CAN)

12 TUESDAY

13 WEDNESDAY

14 THURSDAY

NOVEMBER 2019

15 FRIDAY

16 SATURDAY

17 SUNDAY

OCTOBER

S	M	T	W	T	F	S
		1	2	3	4	5
6	7	8	9	10	11	12
13	14	15	16	17	18	19
20	21	22	23	24	25	26
27	28	29	30	31		

NOVEMBER

S	M	T	W	T	F	S
					1	2
3	4	5	6	7	8	9
10	11	12	13	14	15	16
17	18	19	20	21	22	23
24	25	26	27	28	29	30

DECEMBER

S	M	T	W	T	F	S
1	2	3	4	5	6	7
8	9	10	11	12	13	14
15	16	17	18	19	20	21
22	23	24	25	26	27	28
29	30	31				

NOVEMBER 2019

18 MONDAY

19 TUESDAY

20 WEDNESDAY

Universal Children's Day

21 THURSDAY

NOVEMBER 2019

22 FRIDAY

23 SATURDAY

Labor Thanksgiving Day (JPN)

24 SUNDAY

OCTOBER

S	M	T	W	T	F	S
		1	2	3	4	5
6	7	8	9	10	11	12
13	14	15	16	17	18	19
20	21	22	23	24	25	26
27	28	29	30	31		

NOVEMBER

S	M	T	W	T	F	S
					1	2
3	4	5	6	7	8	9
10	11	12	13	14	15	16
17	18	19	20	21	22	23
24	25	26	27	28	29	30

DECEMBER

S	M	T	W	T	F	S
1	2	3	4	5	6	7
8	9	10	11	12	13	14
15	16	17	18	19	20	21
22	23	24	25	26	27	28
29	30	31				

NOVEMBER 2019

25 MONDAY

26 TUESDAY

27 WEDNESDAY

28 THURSDAY

Thanksgiving Day

NOVEMBER-DECEMBER 2019

29 FRIDAY

30 SATURDAY

1 SUNDAY

OCTOBER

S	M	T	W	T	F	S
		1	2	3	4	5
6	7	8	9	10	11	12
13	14	15	16	17	18	19
20	21	22	23	24	25	26
27	28	29	30	31		

NOVEMBER

S	M	T	W	T	F	S
					1	2
3	4	5	6	7	8	9
10	11	12	13	14	15	16
17	18	19	20	21	22	23
24	25	26	27	28	29	30

DECEMBER

S	M	T	W	T	F	S
1	2	3	4	5	6	7
8	9	10	11	12	13	14
15	16	17	18	19	20	21
22	23	24	25	26	27	28
29	30	31				

DECEMBER 2019

2 MONDAY

3 TUESDAY

4 WEDNESDAY

5 THURSDAY

DECEMBER 2019

6 FRIDAY

7 SATURDAY

Pearl Harbor Remembrance Day

8 SUNDAY

NOVEMBER

S	M	T	W	T	F	S
					1	2
3	4	5	6	7	8	9
10	11	12	13	14	15	16
17	18	19	20	21	22	23
24	25	26	27	28	29	30

DECEMBER

S	M	T	W	T	F	S
1	2	3	4	5	6	7
8	9	10	11	12	13	14
15	16	17	18	19	20	21
22	23	24	25	26	27	28
29	30	31				

JANUARY 2020

S	M	T	W	T	F	S
			1	2	3	4
5	6	7	8	9	10	11
12	13	14	15	16	17	18
19	20	21	22	23	24	25
26	27	28	29	30	31	

DECEMBER 2019

9 MONDAY

10 TUESDAY

11 WEDNESDAY

12 THURSDAY

DECEMBER 2019

13 FRIDAY

14 SATURDAY

15 SUNDAY

NOVEMBER

S	M	T	W	T	F	S
					1	2
3	4	5	6	7	8	9
10	11	12	13	14	15	16
17	18	19	20	21	22	23
24	25	26	27	28	29	30

DECEMBER

S	M	T	W	T	F	S
1	2	3	4	5	6	7
8	9	10	11	12	13	14
15	16	17	18	19	20	21
22	23	24	25	26	27	28
29	30	31				

JANUARY 2020

S	M	T	W	T	F	S
			1	2	3	4
5	6	7	8	9	10	11
12	13	14	15	16	17	18
19	20	21	22	23	24	25
26	27	28	29	30	31	

DECEMBER 2019

16 MONDAY

17 TUESDAY

18 WEDNESDAY

19 THURSDAY

DECEMBER 2019

20 FRIDAY

21 SATURDAY

22 SUNDAY

Hanukkah Begins at Sundown • First Day of Winter

NOVEMBER

S	M	T	W	T	F	S
					1	2
3	4	5	6	7	8	9
10	11	12	13	14	15	16
17	18	19	20	21	22	23
24	25	26	27	28	29	30

DECEMBER

S	M	T	W	T	F	S
1	2	3	4	5	6	7
8	9	10	11	12	13	14
15	16	17	18	19	20	21
22	23	24	25	26	27	28
29	30	31				

JANUARY 2020

S	M	T	W	T	F	S
			1	2	3	4
5	6	7	8	9	10	11
12	13	14	15	16	17	18
19	20	21	22	23	24	25
26	27	28	29	30	31	

DECEMBER 2019

23 MONDAY

The Emperor's Birthday (JPN)

24 TUESDAY

25 WEDNESDAY

Christmas Day

26 THURSDAY

Kwanzaa Begins • Boxing Day (AUS, CAN, NZL, UK)

DECEMBER 2019

27 FRIDAY

28 SATURDAY

29 SUNDAY

NOVEMBER

S	M	T	W	T	F	S
					1	2
3	4	5	6	7	8	9
10	11	12	13	14	15	16
17	18	19	20	21	22	23
24	25	26	27	28	29	30

DECEMBER

S	M	T	W	T	F	S
1	2	3	4	5	6	7
8	9	10	11	12	13	14
15	16	17	18	19	20	21
22	23	24	25	26	27	28
29	30	31				

JANUARY 2020

S	M	T	W	T	F	S
			1	2	3	4
5	6	7	8	9	10	11
12	13	14	15	16	17	18
19	20	21	22	23	24	25
26	27	28	29	30	31	

DECEMBER-JANUARY 2019-2020

30 MONDAY

31 TUESDAY

New Year's Eve

1 WEDNESDAY

New Year's Day

2 THURSDAY

Day After New Year's Day (NZL)

JANUARY 2020

3 FRIDAY

4 SATURDAY

5 SUNDAY

DECEMBER

S	M	T	W	T	F	S
1	2	3	4	5	6	7
8	9	10	11	12	13	14
15	16	17	18	19	20	21
22	23	24	25	26	27	28
29	30	31				

JANUARY 2020

S	M	T	W	T	F	S
			1	2	3	4
5	6	7	8	9	10	11
12	13	14	15	16	17	18
19	20	21	22	23	24	25
26	27	28	29	30	31	

FEBRUARY

S	M	T	W	T	F	S
						1
2	3	4	5	6	7	8
9	10	11	12	13	14	15
16	17	18	19	20	21	22
23	24	25	26	27	28	29

CONTACTS

NAME ______________________________

ADDRESS ______________________________

____

HOME PHONE ______________________________

WORK PHONE ______________ FAX ______________

CELL ______________________________

E-MAIL ______________________________

NAME ______________________________

ADDRESS ______________________________

____

HOME PHONE ______________________________

WORK PHONE ______________ FAX ______________

CELL ______________________________

E-MAIL ______________________________

NAME ______________________________

ADDRESS ______________________________

____

HOME PHONE ______________________________

WORK PHONE ______________ FAX ______________

CELL ______________________________

E-MAIL ______________________________

CONTACTS

NAME ______________________

ADDRESS ______________________

____

HOME PHONE ______________________

WORK PHONE ______________ FAX ______________

CELL ______________________

E-MAIL ______________________

NAME ______________________

ADDRESS ______________________

____

HOME PHONE ______________________

WORK PHONE ______________ FAX ______________

CELL ______________________

E-MAIL ______________________

NAME ______________________

ADDRESS ______________________

____

HOME PHONE ______________________

WORK PHONE ______________ FAX ______________

CELL ______________________

E-MAIL ______________________

CONTACTS

NAME

ADDRESS

HOME PHONE

WORK PHONE FAX

CELL

E-MAIL

NAME

ADDRESS

HOME PHONE

WORK PHONE FAX

CELL

E-MAIL

NAME

ADDRESS

HOME PHONE

WORK PHONE FAX

CELL

E-MAIL

CONTACTS

NAME ______________________________

ADDRESS ______________________________

____

HOME PHONE ______________________________

WORK PHONE ______________ FAX ______________

CELL ______________________________

E-MAIL ______________________________

NAME ______________________________

ADDRESS ______________________________

____

HOME PHONE ______________________________

WORK PHONE ______________ FAX ______________

CELL ______________________________

E-MAIL ______________________________

NAME ______________________________

ADDRESS ______________________________

____

HOME PHONE ______________________________

WORK PHONE ______________ FAX ______________

CELL ______________________________

E-MAIL ______________________________

NOTES

NOTES

NOTES

NOTES

NOTES

NOTES

NOTES

Please note that while we have made every effort to ensure the accuracy of the information presented in this calendar, we cannot be held liable for any errors, omissions, or inconsistencies.